RÉPUBLIQUE

FÉDÉRATIVE

ET

PRÉSIDENCE HÉRÉDITAIRE

Etude politique sur la guerre
et la révolution de 1870-1871 en France

PAR

Lucien BORDEAUX

« On fait la paix après la guerre, que
« ne la fait-on tout de suite. »

VOLTAIRE.

Unum est necessarium : Libertas.

2me ÉDITION
Dédiée à M. le Duc d'Aumale.

GENÈVE

F. RICHARD, LIBRAIRE-ÉDITEUR, RUE DU RHONE, 56

PARIS

LIBRAIRIE DE JOËL CHERBULIEZ
33, rue de Seine.

1871

AVIS

L'auteur formera une brochure des articles de critique que MM. les publicistes de la presse française et étrangère lui enverront à la Librairie F. Richard à Genève.

RÉPUBLIQUE

FÉDÉRATIVE

ET

PRÉSIDENCE HÉRÉDITAIRE

Étude politique sur la guerre
et la révolution de 1870-1871 en France

PAR

Lucien BORDEAUX

« On fait la paix après la guerre, que
« ne la fait-on tout de suite. »
VOLTAIRE.

Unum est necessarium : Libertas.

2me ÉDITION
Dédiée à M. le Duc d'Aumale

GENÈVE

F. RICHARD, LIBRAIRE-ÉDITEUR, RUE DU RHONE, 56

LYON et TOURS

Aux succursales de la maison HACHETTE & Cie

1871

Genève. — Imp. Carey frères.

DÉDICACE

A M. Henri de France, duc d'Aumale.

Monsieur le Duc,

Le 1er Février 1871, vous avez écrit aux élec-
teurs : « Quand je considère la situation de la
« France, son histoire, ses traditions, les événe-
« ments des dernières années, je reste frappé des
« avantages que présente la monarchie consti-
« tutionnelle. »

Vous avez ajouté : « ..... Dans mes senti-
« ments, dans mon passé, dans les traditions de
« ma famille, je ne trouve rien qui me sépare
« de la république. »

La république et la monarchie, telle que nous
la concevons aujourd'hui, ne sont pas inconciliables ; voilà pourquoi, en admirant les avantages de la monarchie constitutionnelle, vous
vous déclarez prêt à servir la république, « si
« c'est sous cette forme que la France veut libre-
« ment et définitivement constituer son gouver-
« nement. »

Votre lettre, dont la portée politique est bien supérieure à cette brochure, m'a paru s'accorder avec ma conclusion. Fier de cette rencontre qui m'honore, je vous dédie la seconde édition de cet essai politique, médité et écrit au bivac.

Lucien BORDEAUX.

La guerre et l'anarchie désolent la France. Le gouvernement de la défense nationale n'a pas le droit de traiter de la paix, ni de continuer la guerre sans le concours de la nation.

Constituer un gouvernement durable, finir honorablement la guerre, telles sont les nécessités qui s'imposent.

Dans les pays libres, dans le royaume d'Italie, dans la république des Etats-Unis, les pouvoirs publics ont fonctionné régulièrement, l'exercice des libertés nécessaires n'a pas été suspendu en temps de guerre.

Personne n'a le droit de supprimer nos libertés, d'établir aujourd'hui la dictature en France. D'ailleurs, de par le droit naturel et social d'exprimer son opinion, tout citoyen, en étudiant l'état présent du pays, peut proposer les moyens de vaincre l'anarchie et de ramener la paix.

Exprimons librement nos idées.

I

Au mois de Juillet, la France commettait la faute de déclarer la guerre à la Prusse sans avoir vérifié l'effectif des troupes et les munitions de bouche et de guerre contenues dans les magasins et les arsenaux. L'attaché militaire à l'ambassade française de Berlin n'avait fourni aucun renseignement exact sur les forces et les ressources de l'ennemi. Le ministère des *honnêtes gens*, ému des inquiétudes de M. Thiers, avait, à l'instigation de M. Louvet, ministre du commerce, invité l'ancien ministre du roi Louis-Philippe Ier à présenter au conseil les motifs de ses angoisses. Mais M. Thiers lui-même ne précisa rien, n'apporta aucun renseignement technique ou numérique, il motiva sur des considérations générales son opinion de ne point faire la guerre. La trop célèbre affirmation du général Lebœuf l'emporta, son erreur fatale trompa la France, et la France, malgré l'opposition, voulut la guerre, parce que ni l'opposition, ni M. Thiers, ni le ministère ne connaissaient la puissance militaire que l'on allait combattre.

II

Notre armée régulière presque toute entière est prisonnière. Nos magasins, nos arsenaux sont entre les mains de l'ennemi. Nous voulions les frontières naturelles, et nous sommes chassés de la *frontière de fer*. Les canons de nos citadelles sont tournés contre nous. Nos finances sont dissipées.

L'honneur français a été compromis !

L'armée la plus savamment organisée, la mieux conduite, la plus disciplinée, la plus riche en engins de destruction, occupe le tiers de la France qu'elle ravage, assiége Paris qu'elle affame. Le patriote le plus illustre demande merci au nom de la France, implore la Russie, l'Autriche, l'Angleterre, l'Italie, mais l'Europe est indifférente.

La seconde faute de l'empire, s'aventurant dans une guerre sans s'être ménagé des alliances éclairera le gouvernement de la défense nationale. La Prusse a eu l'appui moral de l'Europe, il est même certain qu'elle serait secourue si la victoire l'abandonnait.

Le gouvernement de Septembre, en proclamant la république, s'est aliéné l'Europe monarchique. Il n'a pas un allié. Il faut que la France renonce à être une république si l'Espagne, l'Italie, l'Allemagne restent monarchiques, à moins qu'elle ne concilie la république avec la monarchie.

III

Le procès-verbal de la dernière séance du Corps législatif dressé par M. Thiers lui-même, qui présidait, sera reproduit *in extenso* par quiconque écrira l'histoire du second empire. C'est un acte d'accusation infligeant dans l'avenir la peine que méritent les députés de Paris pour avoir constitué, à l'Hôtel de Ville, un gouvernement de Paris, quand il leur était offert de constituer un gouvernement de la nation dans l'assemblée des députés élus par elle. Si, au lieu d'apporter le mot sacramentel en ces conjonctures, *il est trop tard ;* si, au lieu de venir défendre lui et ses collègues de l'Hôtel de Ville, M. Jules Favre avait apporté une adhésion à ses collègues du Corps législatif, le gouvernement de la défense nationale composé de députés de la capitale et de la province n'aurait pas pu être méconnu par les cabinets de l'Europe, l'effusion du sang n'aurait pas continué, la guerre aurait cessé.

Il est certain que S. M. le roi de Prusse aurait été plus traitable, parce que l'Italie, l'Autriche, la Russie, l'Angleterre auraient vu la France et non la révolution dans les hommes du nouveau gouvernement.

C'est de crainte que la forme républicaine ne fût pas adoptée par les députés qu'allait désigner le Corps législatif pour ramasser le pouvoir, que les députés de Paris s'en emparèrent à l'Hôtel de Ville. Leur devoir, leur conduite politique étaient alors tracés. Ils devaient, dans le triage qu'ils ont fait des papiers de l'empire, saisir la constitution de la république du 24 Novembre 1848, la promulguer à nouveau, et, par respect pour elle, qu'ils avaient réclamée pendant vingt ans, la mettre à exécution, sauf à revoir ultérieurement l'amendement Grévy. La France non envahie, si l'ennemi ne permettait pas le vote dans les départements occupés, avait le droit d'élire un président de la république. Les puissances européennes n'avaient pas le droit de ne pas reconnaître en 1870 un gouvernement qu'elles avaient reconnu une première fois, il y a vingt ans.

Les gouvernants doivent rester dans la légalité, y rentrer s'ils en sont sortis, la légalité dût-elle les tuer.

IV

Ce fut un acte digne de la France que de répondre à la capitulation de Sedan par la déchéance de Napoléon III. Les hommes qui l'ont provoquée ont bien mérité de la patrie. La déchéance vengea la France de la capitulation, ce fut comme une victoire gagnée pour le pays. Il fallait en recueillir les fruits, et, puisque l'Allemagne avait pu si aisément envahir la France, le premier décret de l'Hôtel de Ville devait déclarer le Rhin frontière de la république. L'Allemagne revendiquait les pays de langue allemande, la France pouvait au moins revendiquer les pays de langue française. Les députés de Paris, qui avaient mieux aimé être le gouvernement de la révolution que celui de la France, ont manqué d'audace. Certains actes, comme la nomination du maire et du préfet de Strasbourg, sont marqués au coin révolutionnaire ; c'est du style laissant présager que la tradition sera reprise. Mais aucun manifeste à l'Europe ne fut publié, et cependant alors un appel à la révolution, maîtresse de la France, aurait soulevé l'Italie et l'Espagne. L'Allemagne était occupée à vaincre, et ses démocrates, grisés de victoire et de gloire, d'unitarisme et de militarisme, étaient, au dire de M. Jules Barni, l'un des agitateurs des derniers congrès révolutionnaires, devenus des chauvins allemands.

L'Italie, aujourd'hui ou demain, appartiendra à la révolution, c'est fatal, elle est sa conquête, sa chose, car elle est son œuvre. Gênes, Milan, Venise, Naples, Palerme ne sont pas piémontaises. Toutes les grandes municipalités italiennes sont républicaines ; chacune d'elles a un ferment révolutionnaire dans son sein. Le cabinet de la monarchie piémontaise à Florence ne pouvait pas déplacer ses régiments, prêter ses canons à la république française sans que lui-même avec le roi fît voile vers Oporto.

Il fallait révolutionner l'Italie.

Mieux que la France, comme l'Italie, l'Espagne peut être une république. De Cadix à Barcelone, de Malaga à Pampelune, les décisions des fueros sont accueillies par le peuple comme jadis un édit de l'Escurial. Entre les sierras et les fleuves se sont constituées des provinces qui ont leur histoire distincte de l'histoire d'Espagne. Chacune de ces provinces qui fut un Etat, peut devenir encore un Etat dans une Espagne fédérale.

Il fallait révolutionner l'Espagne.

Mais au contraire, les cabinets de Florence et de Madrid ont pris les devants. Garibaldi et les républicains d'Italie sont accourus en France et le maréchal Prim s'est hâté de couronner un roi. L'Hôtel de Ville a vu les Alpes et les Pyrénées grandir à son approche.

Le gouvernement de Septembre, puisqu'il voulait être la révolution, pouvait sauver la France par la révolution. Qu'ont fait M. Sénard à Florence, M. de Kératry à Madrid ? Rien. La défense nationale pouvait tout, en appelant la révolution au secours de la France, en invoquant l'appui de l'Italie et de l'Espagne révolutionnaires, l'une ou l'autre, peut-être toutes les deux, nations latines, sœurs de la France, se seraient agitées. La révolution dans le midi et l'occident, menaçant l'Europe, aurait fait une diversion favorable à la France. II y a dans les armées allemandes, qui

ne sont que des instruments, des têtes qui pensent à la liberté, à la démocratie, quand le casque
ne pèse pas sur elles. Sa Majesté féodale de droit
divin, le roi Guillaume, aurait été forcée peut-être
de ramener ses armées en Allemagne. A son re-
tour, Sa Majesté et la Révolution se rencontre-
ront heurtant en même temps aux portes des
palais de Potsdam.

Le gouvernement de Septembre n'a pas su être
le gouvernement de la France, il n'a pas su être
le gouvernement de la révolution; il a privé la
France ou d'un gouvernement normal, national,
capable d'être reconnu par la Prusse elle-même,
ou du concours de la révolution, concours que
M. de Bismark était de taille à ne pas dédaigner,
s'il avait dû tourner à son profit.

On pouvait d'autant plus compter sur un appel
à la révolution européenne, que les hommes de
l'Hôtel de Ville, les patriotes français d'aujour-
d'hui, étaient les cosmopolites d'hier. Ce sont
eux, leurs secrétaires-généraux et leurs préfets,
qui proclamaient, dans les récents congrès de
Genève, Bâle et Lausanne, la république des Etats-
Unis d'Europe !

Il leur était aisé d'opposer à la constitution de
la puissance germanique, la constitution de la
puissance latine. C'eût été un congrès bien solen-
nel celui qu'aurait réuni, au nom de la république
française, le gouvernement de l'Hôtel de Ville à
Nîmes ou à Toulouse, villes jadis romaines, à
égale distance de Madrid, de Rome et de Paris !

Dans cette assemblée constituante de la république latine seraient accourus, après s'être fait élire, les démocrates des parlements de Madrid et de Florence. Des résolutions intéressant l'Europe toute entière auraient été adoptées. La tradition de 1789 aurait été reprise par la proclamation de la République des Etats-Unis d'Europe. Le midi et l'occident soulevés auraient, dans un effort immense, rejeté les Germains par delà le Rhin, et cette guerre gigantesque aurait été la dernière du siècle.

Il fallait pour sauver la France nécessaire au maintien et au développement de la civilisation moderne, allumer la guerre, exciter la révolution aux quatre points cardinaux du monde. Un homme d'Etat de la Révolution ne doit pas admettre que la terre tourne, que le monde marche sans la France.

Voilà selon vous, ô Révolutionnaires, les actes qui devaient suivre la déchéance de Napoléon III et la proclamation de la république à l'Hôtel de Ville. Mais les manchettes de Mirabeau et le chapeau de Danton ne vont pas à tous ceux qui, de nos jours, veulent jouer à la révolution. Il faut des mains plus fines et des têtes plus fortes.

Un seul peut-être a la tête et le poignet révotionnaires.

V

Le voyage aérien de Paris à Tours, accompli par le fougueux député de Marseille, muni de pleins pouvoirs, avait fait supposer que la Révolution allait marquer une empreinte nouvelle sur la France et sur l'Europe. Des changements dans le personnel des préfectures et des parquets, quelques décrets sur l'administration intérieure, voilà tout ce qu'a envoyé alors la capitale à la Province. On attendait mieux, surtout pour la conduite des négociations et de la guerre.

Il est opportun de rechercher les causes de l'irrésolution du Gouvernement nouveau, car c'est là ce qui a paralysé ses efforts.

La bonne foi, l'honnêteté des députés de Paris ne sera pas discutée.

Les résultats du voyage diplomatique de M. Thiers étaient prévus. Les grandes puissances éprouvent une satisfaction évidente de l'humiliation de la France trop fière. La Russie se souvient de Sébastopol, l'Autriche de Solférino, l'Angleterre du marquis de Boissy, l'Italie, elle, ne se souvient de rien. L'entrevue de M. le comte de Bismark et de M. Jules Favre ne pouvait être qu'une conversation académique. Les deux propositions d'armistice sans le concours positif, suivi de sanction, de la part de l'Europe, ne pouvaient être qu'un leurre. D'ailleurs l'armistice était sans objet. Si l'Hôtel de Ville avait voulu sincèrement convoquer l'Assemblée des représentants du peuple, des élections, une Assemblée constituante nouvelle n'étaient pas nécessaires. Il suffisait de convoquer à Tours les représentants du peuple ayant survécu au Deux-Décembre.

Toute la France, même les provinces envahies, auraient été légitimement représentées.

Sur ces entrefaites, Metz sans secours a succombé, tout l'Est a été empêché de masser ses forces, tandis que l'on discourait, l'ennemi prenait possession de la Bourgogne et la capitale était bloquée.

Le Gouvernement de la défense nationale a été dupe.

Ne connaissait-il pas les ennemis ?

M. le comte de Bismark est le disciple du héros de l'antiquité qui conseillait aux guerriers d'avoir la ruse du renard en même temps que la force du lion. Il a érigé l'espionnage en vertu militaire, et il sait que clef d'or entre partout. Il copie, dit-il, les Grecs du siècle de Périclès. On n'est pas à la guerre comme dans un salon d'ambassade, la guerre est barbare. La violence, le meurtre, l'incendie, sont les suites fatales de la guerre. Après Strasbourg, Châteaudun et Baseilles. C'est l'ambition, l'esprit de conquête, le droit barbare qui sont coupables des incendies et des tueries, et M. le comte de Bismark est ambitieux, conquérant, barbare.

Il soudoie les agitateurs humanitaires et méprise les hommes. Il dépeuple l'Allemagne et prétend l'agrandir. Le vote populaire, le consentement des annexions, il les dédaigne ; les congrès, il les accepte, mais les traités, il les élude. La fraude, l'hypocrisie, l'espionnage, le mensonge sont ses vertus.

M. le comte de Bismark n'a ni foi, ni loi, son droit, c'est la force. Le fleuve de sang qu'il répand, mieux que le Rhin séparera la France de l'Allemagne. La France n'a à attendre ni trève, ni merci de ce diplomate — forban qui a juré sa ruine.

La marche savante du prince Frédéric-Charles, de Woerth à Metz pour enfermer le maréchal Bazaine; la marche rapide du prince royal, de Reims jusqu'à Sedan à la poursuite du maréchal Mac Mahon; l'investissement précis de Paris; la discipline d'une armée innombrable roulant comme un fleuve de vagues humaines qui va toujours malgré l'écrasement de ses têtes de colonnes, machine que rien n'arrête; les plans conçus par M. de Moltke, âme de toutes ces multitudes; la ténacité, qui vaut le génie, du roi Guillaume; tout cela avait donné la mesure de la puissance qui depuis huit ans, depuis l'avènement du roi Guillaume, s'organisait pour vaincre la France.

VI

Quiconque se souvient des discours du roi Guillaume lors de son avènement. à l'occasion du roi défunt, quiconque étudie les actes de son règne, relit ses messages à la reine depuis la guerre, pense qu'il ne suffit pas de vaincre ses armées, mais qu'il faut combattre ses idées.

Il croit à son destin, le parti féodal est l'artisan

de ce destin ; il subit une impulsion fatale. Quand la nation consultée exprime son avis par l'élection des députés, son avis n'est pas entendu ; trois fois on dissout le parlement, et, enfin, le roi constitutionnel, qui règne, gouverne sans parlement.

Dans le palais de Louis XIV, à Versaiiles, S. M. le roi de Prusse songe à la gloire du grand roi. Il rêve l'empire de Charles-Quint, il veut étendre sa puissance de la Vistule jusqu'au Rhin, de la mer du Nord à l'Adriatique, et donner aussi à l'Espagne un roi de sa maison. Il a fait prisonnier un empereur de France, il a frappé d'impuissance les flottes, et il tient captives les armées françaises. Il commande des armées innombrables, son fils et un autre prince de sa famille les conduisent en lui obéissant. Il y a quatre ans, il battait les armées de l'empereur d'Autriche et campait sous les murs de Vienne à qui il faisait grâce d'un siége, d'un assaut, d'un sac. Aujourd'hui il assiége Paris, la place la plus vaste, la plus forte du monde ; il a juré d'y entrer enseignes déployées avec toutes ses forces et il est *vir propositi tenax.* Paris, la capitale de saint Louis, de Louis XIV et de Napoléon ; où sont la colonne Vendôme et l'Arc de Triomphe de l'Etoile ; ville de marbre et d'or ; où s'administre et se joue la fortune des nations ; où tout homme doit venir pour faire juger ses œuvres s'il veut que dans le monde on croie à son génie ; où sont accumulés les chefs-d'œuvre de la science, des lettres et des

2

arts ; où sont tous les monuments qui proclament la grandeur de la France ; où sont les musées et les bibliothèques les plus riches du monde ; Paris sublime, qui soutient depuis plus de cent jours un siége à comparer aux siéges de Jérusalem et de Carthage ; Paris enfin doit lui ouvrir ses portes, et il y entrera comme Mahomet II dans Constantinople, comme Genséric dans Rome, s'il n'y peut entrer comme Alexandre dans Babylone.

Il se demande si mieux ne vaut brûler que préserver Paris de la ruine, pour bâtir dans son empire d'Allemagne, au centre de l'Europe, un Paris germanique, une capitale du monde. Il a tracé la ligne pour mettre en rapport ses Etats avec l'empire de l'Inde ; il perce le St-Gothard, descend en Italie jusqu'à l'antique port de Brindes d'où ses vaisseaux le portent, lui et sa fortune, dans l'Océan indien.

Il destitue la France de ses fonctions de messager de Dieu qu'elle remplit depuis quatorze siècles, il est l'homme de la Providence qu'il invoque dans tous ses actes. Le prestige de la France est éclipsé par le prestige de l'Allemagne, et, pour que l'éclipse du soleil de la nation de Louis XIV, dont il habite le palais, soit totale, il étend l'Allemagne sur toute la France. Parties de Mayence, ses armées marchent sur Rouen, Nantes, Marseille, elles suivent le cours des fleuves, le Rhin, la Seine, la Loire, le Rhône ; elles ne s'arrèteront que devant la mer et l'Océan.

Que Paris et la France humilient leur fierté et
s'inclinent. Sa Majesté l'empereur d'Allemagne
vient à Aix-la-Chapelle, ou à Francfort ou à
Berlin ceindre la couronne de Charlemagne, et,
à son couronnement, à son triomphe, il a invité
ses peuples à contempler sa gloire. Derrière son
char triomphal sont les captifs, un empereur,
des maréchaux, des généraux, trois armées.

C'est le triomphe de César.

Roi Guillaume, derrière le char du triompha-
teur romain marchaient aussi des hommes, qui
avaient le droit de lui parler en toute liberté
sans craindre la hache des licteurs. Ecoutez :
que votre ambition soit satisfaite ! que votre
génie diplomatique, M. le comte de Bismark, et
votre génie militaire, M. de Moltke, fassent de
votre rêve une réalité, mais, comme votre vie,
votre gloire est éphémère. Les conquérants dont
la gloire cause vos insomnies ont eu leurs mau-
vais jours. Alexandre-le-Grand mort jeune encore
n'a pu fonder un empire. ses généraux n'ont pas
trouvé le plus digne, ils se sont partagé ses
Etats et leurs fils n'ont pas gardé les conquê-
tes de leurs pères. Le règne de César a fini dans
une conspiration républicaine sanglante. Charlemagne a vu dans ses derniers jours ses con-
quêtes échapper à son sceptre : ses petits-fils
n'ont pas régné sur tout son empire. Charles-
Quint a recherché le silence d'un couvent. La
race de Henri-le-Grand, de Louis-le-Grand, qui,
hier encore, portait trois couronnes, est aujour-

d'hui exilée de Naples, de l'Espagne et même de la France. Napoléon-le-Grand n'a rien fondé de durable.

Roi Guillaume, votre destin sera celui que votre vanité aura voulu qu'il soit. Que de ruines peut amonceler l'ambition d'un homme ! Que de familles en deuil ! Que d'orphelins ! Que de mères, que d'épouses en larmes ! Quel compte à rendre à Dieu ! Cessez, cessez la guerre meurtrière, fratricide.

Ce ne sont plus les rois guerriers que les peuples admirent, c'est aux rois pacifiques qu'ils adressent leur reconnaissance. La gloire de Léopold Ier sera plus durable que n'a été celle de tous les conquérants. Ce n'est pas au nombre de ses sujets que se mesure la grandeur d'un roi, c'est à son application à rendre ses sujets heureux.

L'ère féodale est déjà bien loin de nous, la civilisation moderne ne périra pas. Vous êtes Roi constitutionnel, restez roi constitutionnel, chassez de votre tête ces fantômes d'Empire et d'empereurs, rendez la paix à l'Europe, protégez en Allemagne les arts, l'industrie, le commerce, l'agriculture, et l'Allemagne aura pour vous la reconnaissance que la Belgique a vouée à son grand roi. Soyez pacifique, soyez juste, la France est généreuse, ne la dépouillez pas : ses enfants conserveront la mémoire de votre justice, mais tant que votre ambition s'obstinera à lui vouloir ravir ses provinces les plus françaises, elle a le droit de vous combattre, et, jusqu'à la mort elle vous combattra.

Arrêtez, roi Guillaume, sinon, vous serez, incendiaire, un Erostrate, un Omar, un Attila, le fléau de l'Allemagne elle-même et de la France, qui vivra pour vous garder une haine éternelle, implacable comme la haine de l'Allemagne pour Napoléon-le-Grand en 1813.

Si vous continuez votre œuvre de dévastation, Dieu, que vous invoquerez en vain, vous frappera, votre sceptre sera brisé, votre royaume détruit, votre race maudite.

VII

La conquête n'est pas un droit, c'est un fait acquis temporairement, tant que l'on a la force ; c'est pour cela que l'Allemagne trouve aujourd'hui équitable ce que la France trouve injuste. Qu'eût fait la France si elle avait vaincu à Reischoffen, pris Rastadt, Coblenz, Mayence, Khiel, fait prisonniers le roi Guillaume avec les princes et toute son armée, investi Berlin ? La France aurait proposé un traité de paix qui lui assurât ses frontières naturelles, mais elle aurait demandé le consentement des populations, et, satisfaite d'avoir le Rhin pour limite à l'Orient, elle aurait fait grâce des frais de guerre compensés par la gloire.

En se plaçant par rapport à l'Alsace et à la Lorraine dans la situation de la France par rapport à la Prusse et à la Bavière cis-rhénanes, la Prusse serait dans le vrai en vertu de la conquête, mais il lui faut, selon toute justice, le double consentement de l'Asace et de la Lorraine, et en outre de l'Europe, dont l'intérêt est en cause.

Les signataires des traités de 1815 furent coupables. Ils y ont inscrit les causes des guerres qui depuis dix ans bouleversent le continent. Si la frontière du Rhin avait été donnée au royaume de France, il n'aurait pas été plus puissant, et la guerre de 1859 en Italie, la guerre de 1866 en Bohême, la guerre actuelle n'auraient pas été entreprises. Bien des révolutions auraient été évitées, parce que la France, satisfaite comme puissance européenne, n'aurait pas préconisé le principe des nationalités, favorisé le Piémont et la Prusse dans l'espoir d'obtenir le concours de l'Italie et de l'Allemagne pour s'agrandir elle-même. Non, le comte de Cavour et M. le comte de Bismark n'auraient pas unifié l'Italie et l'Allemagne, tandis que le cabinet des Tuileries était ébloui par la perspective des bords du Rhin, mirage qui, depuis plus d'un demi-siècle, attire les regards de la France.

La tranquillité de l'Europe sera compromise si la France perd l'Alsace et la Lorraine, pays vraiment français par les sentiments, les idées, les mœurs, la volonté. La France voudra les reconquérir un jour, elle tentera l'aventure, l'Alle-

magne voudra les garder, delà la guerre encore.
Le continent a le droit d'aviser.

La tentation est grande pour le cabinet de
Berlin, mais la conquête peut lui être funeste, la
fortune a des retours inespérés pour les empires. Ce siècle est plein d'enseignements.

Si, en vertu de la maxime barbare, *la force
prime le droit*, l'Allemagne, que le Rhin ne peut
contenir, s'empare de la Lorraine et de l'Alsace,
la France sera autorisée à passer les Alpes ou les
Pyrénées, assaillir l'Italie ou l'Espagne, semer la
ruine dans l'un ou l'autre de ces pays pour s'em-
parer du Piémont ou de la Catalogne.

Qu'eût fait l'Europe, sourde aux sollicitations
de M. Thiers, si le Gouvernement de Septembre
consentant à la cession de l'Alsace et de la Lorraine, à la constitution d'un grand Empire d'Allemagne sous le sceptre du roi Guillaume, eût
ensuite précipité ses bataillons sur l'Italie et conquis une province par de là les Alpes ! Le cabinet
de Florence, ingrat et timoré, a, en occupant
Rome , violé la convention de Septembre et
fourni à la France un prétexte de guerre. Il y a
toujours prétexte de guerre et de conquête si la
raison du plus fort est toujours la meilleure.

L'Europe se serait émue.

Elle s'émeut aujourd'hui à la veille d'un nou-
vel attentat moscovite.

Le prince Gortschakoff procède de M. le comte
de Bismark, le lendemain de la capitulation de
Metz, il paraphrase la maxime barbare, la *force*

prime le droit, et il écrit: « Il serait difficile d'af-
« firmer que le droit écrit, fondé sur le respect
« des traités comme base du droit public et règle
« des rapports entre les Etats, ait conservé la
« même sanction morale qu'il a pu avoir en d'au-
« tres temps. »

Et la Russie, d'accord avec la Prusse sur la né-
gation du droit et la puissance de la force, dé-
nonce le traité de 1856.

La Turquie est menacée plus que jamais: deux
empires barbares vont se partager l'Europe civi-
lisée, et cela, le jour où la France est aussi, dit-on,
le malade politique. La Russie et la Prusse ont
le fer et le feu pour moyens de guérison. L'Angleterre, à la poursuite d'une alliance avec l'Autriche
et l'Italie, se frappe la poitrine et confesse qu'il
est nécessaire à l'Angleterre, encore plus qu'à
l'Europe, que la France soit forte. Une guerre uni-
verselle est imminente. Qu'avant cette guerre un
congrès nivelle les puissances et qu'il existe enfin
un droit européen écrit à imposer aux Barbares!
« On fait la paix après la guerre, que ne la fait-
on tout de suite. »

VIII

Les journaux de Londres et de Saint-Pétersbourg affirment que M. Jules Favre, ministre
des affaires étrangères pour le gouvernement de
l'Hôtel de Ville, refuse d'assister à la Conférence

ouverte à Londres dans le but de réviser le traité de 1856, et que les représentants des puissances se réuniront et délibèreront sans la France.

C'est grave.

Ce serait la seconde fois que l'une des phases de l'insoluble question d'Orient serait réglée sans la France. N'oublions pas que le 14 Juillet 1840, à Londres même, fut réglé le différend entre l'Egypte et la Turquie.

La France devait être à Londres le 14 Juillet 1840 et elle doit s'y rendre aujourd'hui.

M. Jules Favre n'a besoin de personne pour lui apprendre son discours, il saura faire entendre à l'Europe le langage qu'il convient qu'elle entende.

C'est, dira-t-il, dans un congrès qu'a été élaboré le traité de 1856, c'est dans un congrès qu'il le faut réviser. Le différend qui divise la Russie et la Turquie n'est pas le seul qui intéresse l'Europe. L'Allemagne a envahi la France et prétend déplacer les bornes que les traités de 1815 ont plantées entre les deux nations. En même temps que l'Europe révisera le traité de 1856, elle révisera, s'il y a lieu, les traités de 1815 en ce qui touche la frontière allemande et française.

Trois systèmes politiques sont en présence en Europe tant pour le gouvernement intérieur des Etats que pour leurs relations extérieures.

La politique russe ou barbare ; la politique anglaise ou constitutionnelle ; la politique française ou républicaine.

Si la politique barbare triomphe, si S. M. Guillaume, roi de Prusse, ravit l'Alsace et la Lorraine à la France, rétablit l'empire de Charlemagne avec son épée et celle des princes qui le suivent, l'Europe assistera au rétablissement de la féodalité. Le rapt de Metz et de Nancy qui ne sont allemandes ni de race ni de langue, prouve que l'unité de l'Allemagne sera dépassée.

La conquête est sans mesure. Le Luxembourg a entendu les premières menaces, les cantons allemands de la Suisse se sont déjà imprudemment livrés par la Convention du Saint-Gothard, l'archiduché d'Autriche accroîtra l'empire d'Allemagne quand la Russie prendra possession des pays slaves du Danube.

La Prusse aspire à devenir puissance maritime, elle exige la cession de la moitié des flottes de la France, et, comme elle n'a pas des marins pour les monter, elle s'empare du littoral de Dantzig à Anvers, où, dédaignant l'inscription maritime, elle établit la presse sur la population danoise et hollandaise. Elle se substitue au gouvernement de La Haye dans les colonies hollandaises, et son pavillon, inconnu jusqu'ici, flotte dans l'Océan Indien.

Tandis que l'empire germanique s'empare à main armée du centre de l'Europe, l'empire slave s'empare de l'Orient. L'Europe redevient barbare. La confiscation des biens, la déportation des personnes, le knout remplacent la liberté individuelle, la liberté civile, la liberté religieuse.

La religion, la loi, la liberté sont remplacées par la force.

Puissances du midi et de l'occident de l'Europe, vous pouvez vous incliner devant la force, mais la France mourra plutôt que d'incliner sa tête libre et fière.

L'Angleterre depuis la paix de Westphalie dominait dans le monde par son commerce et ses institutions. Sa fortune était unique. Tandis que la politique russe a pour principe la force, la politique anglaise a pour principe le travail. Le continent européen n'avait rien à redouter de son ambition satisfaite dans l'Inde. S'enrichir était son but, faire adopter ses institutions était sa gloire. L'étude des constitutions des peuples offre un singulier spectacle. En moins d'un siècle, l'Angleterre a importé sa constitution chez presque toutes les nations. La France de 1789 elle-même l'avait adoptée, en l'an III. L'Autriche, l'Italie, l'Espagne, le Portugal, la Prusse, la Suède. la Norwége, le Brésil ont le gouvernement des deux chambres à l'instar de l'Angleterre. L'Europe crée de nouveaux Etats, en Grèce, en Hollande, en Belgique ; l'Angleterre fournit leur constitution.

Les deux derniers siècles ont vu l'Angleterre partout où l'équilibre des puissances européennes était compromis ; Louis XIV et Napoléon Ier ont été vaincus par la libre Angleterre quand eux-mêmes écrasaient le continent.

Sous l'empire de la politique anglaise, les peuples ont été libres, et, en outre, invités à produire, à travailler par l'Angleterre industrielle, marchande; leur prospérité matérielle a grandi en même temps que grandissait leur liberté.

Aussi longtemps que l'Angleterre a mis ses finances, ses vaisseaux et ses armées au service de la politique d'équilibre, la France contemporaine a été son alliée.

Aujourd'hui même encore, elle propose aux représentants de l'Europe assemblée de repousser par les armes la Prusse conquérante; de briser les épées que les princes d'Allemagne ont, en abdiquant, mises à son service; de restaurer ces princes malgré leur abdication, en déchirant les traités militaires qui les rendent vassaux de la couronne de Prusse.

C'est la politique anglaise, d'équilibre européen.

Si l'Europe abandonne cette politique, se livre au plus fort, ne se constitue pas en conseil amphictyonique, l'Europe officielle n'existe plus, tous les traités internationaux, quel que soit leur objet, traités de paix ou de commerce, puisqu'ils n'ont de valeur qu'autant que chaque signataire est assez fort pour les faire respecter, lui seul, sont dès ce jour dénoncés. La France ne reconnaît plus les gouvernements officiels de l'Europe qui a laissé égorger le Danemark et livre la France à l'invasion, elle en appelle aux peuples et proclame la République des Etats-Unis de l'Europe.

La politique française, républicaine, consiste à

ne pas fournir des armes, des légions étrangères et de l'or à deux nations quand elles sont en guerre pour grandir soi-même en proportion de l'affaiblissement des combattants; à ne pas entretenir la guerre civile en Espagne ainsi que le pratiquait l'Angleterre il y a trente ans; à ne point solder l'insurrection polonaise pour occuper la Russie, quand on n'a pas le courage de rétablir la Pologne; à ne point semer la division en Italie et en Allemagne.

La politique française a pour principe le respect des traités, c'est-à-dire la justice, l'union et l'assistance des peuples; pour but, l'application à toute l'Europe de la Constitution fédérale de la Confédération Suisse, promulguée le 12 Septembre 1848, où on lit : La Confédération garantit aux cantons leur territoire.

Elle a pour devise, la devise démocratique : Un pour Tous, Tous pour Un.

La France est résolue à tous les sacrifices, elle peut périr dans sa lutte avec l'Allemagne qui l'a surprise par une invasion inconnue depuis l'époque barbare, mais elle ne consentira à céder à la politique de la force, ni un pouce de terrain, ni une pierre de ses forteresses.

La politique anglaise abdiquant, que l'Europe choisisse entre la politique russe et la politique française. La France offre son alliance aux peuples, non plus aux gouvernements.

IX

Napoléon Ier, vainqueur de l'Europe, à l'apogée de sa puissance, pouvait à Tilsit consentir à diviser l'Europe en deux vastes empires. Il sauva la civilisation moderne en refusant Constantinople à l'ambition moscovite.

Le roi Guillaume et le czar Alexandre II ont repris les préliminaires de Tilsit, et leurs ministres, sans scrupules, sans souci du droit, ont rédigé le traité de partage que chacun se réserve d'interpréter et d'exécuter à l'avenant de ses desseins. M. le comte de Bismark et le prince de Gortschakoff ont, en 1870, promulgué le code du droit barbare, qu'ils entendent appliquer successivement à la France, à la Turquie et à l'Autriche.

La Russie cherchait un Etat ambitieux pour allié. L'alliance de la France, puissante sur terre et sur mer, était préférable à l'alliance de la Prusse. Mais la France respectait l'équilibre européen, était honnête, soutenait les Latins en Orient, était religieuse. La France et la Russie n'ont pu se rencontrer dans une ambition commune.

L'Angleterre a, avec hauteur, repoussé l'alliance russe il y a seize ans, avant Sébastopol. Elle n'entend, à aucun prix, ouvrir à la Russie le chemin de l'Inde, en passant sur le corps de la Turquie robuste ou malade.

Tandis que M. le comte de Bismark était ambassadeur de Prusse à Saint-Pétersbourg, l'alliance entre la Prussse et la Russie a été conclue. Les deux premiers ministres étant d'accord sur le droit, les deux monarques se sont concertés sur le fait, et, quant aux peuples, ils donneront le sang pour sceller l'alliance dont l'Autriche et la Turquie seront le prix.

La Russie est actuellement l'arbitre de l'Europe.

L'établissement de deux grands empires slave et germanique, exclut la France des affaires continentales et la place en Europe dans la situation qu'occupe l'Espagne depuis deux siècles, dans la situation de l'ancienne Armorique dans le monde connu des Romains. La guerre à outrance, jusqu'à épuisement, entre la Prusse et la France est fatale; si celle-ci succombe, bien des Etats en subiront la peine, l'Europe toute entière portera le joug pesant des Barbares du nord.

Parce que Richelieu avait eu le génie de réduire le saint-empire d'Allemagne et de combattre la trop puissante maison d'Autriche pour fonder l'équilibre européen, les hommes d'Etat français ont cru procéder de sa grandeur en combattant sans relâche l'empire d'Autriche. Mais les vrais politiques ont souri de pitié à la lecture de certain discours d'Ajaccio plus bruyant que sensé.

L'Autriche et la France avaient et ont un même rôle en Europe; s'allier avec l'Angleterre, contenir la Prusse en Europe et la Russie en Orient.

L'alliance entre la France et l'Angleterre a toujours été équivoque de la part de l'Angleterre. On relèverait, depuis le traité d'Utrecht, une série de circonstances innombrables pour démontrer que partout et toujours, l'Angleterre a cherché à tenir la politique de la France en échec. Le marquis de Boissy avait autant de sens et de patriotisme que de verve. L'alliance entre la France continentale et l'Angleterre maritime devait profiter exclusivement à celle-ci, tant qu'elle ne consentirait pas à laisser à la France les coudées libres sur le continent.

La politique française est en défaut, les faits d'aujourd'hui le démontrent brutalement.

Pourquoi galvaniser l'Italie par l'unité et laisser l'Espagne dans le marasme?

Pourquoi ne pas diriger le superflu de nos finances, nos entreprises industrielles et commerciales vers l'Espagne et l'Italie depuis quarante ans?

Pourquoi laisser nos capitaux courir les aventures, eux aussi, sur tous les chemins de fer d'Europe?

Les véritables alliés de la France sont l'Espagne et l'Italie. Toutes trois ont intérêt à écarter l'empire slave de Constantinople et l'empire germanique de Trieste, à les repousser vers le nord, sans quoi le midi et l'orient leur échappent. La Méditerranée leur appartient, qu'elles en restent maîtresses jalouses et solidaires, et, en conservant cette voie maritime, elles seront maîtresses du commerce de quatre continents.

Que chaque Etat de l'Europe pèse bien aujourd'hui l'intérêt de ses alliances.

L'Espagne, l'Italie, l'Angleterre et l'Autriche ont le devoir et le droit de soutenir la France contre la Prusse, qui a la Russie derrière elle. Leur intérêt, l'avenir de l'Europe et de la civilisation même sont en jeu.

X

Le rôle de la France serait fini, si elle ne parvenait pas à se donner un gouvernement stable.

La Russie poursuit avec opiniâtreté, prudence et patience l'exécution du testament de Pierre-le-Grand ; la Prusse réalise avec audace, hardiesse et violence l'unité germanique ; le Piémont a fait son œuvre, les ducs de Savoie ont consommé *l'artichaut italien ;* l'Angleterre abandonne le continent à la guerre et à la révolution, se contente de la Thessalocratie et se rengorge dans son île.

La France n'a point de politique, elle est sans but, sans politique à l'extérieur. Une nation qui n'a pas l'ambition de grandir est condamnée à être absorbée par les nations voisines ambitieuses, ou à mourir de consomption comme la Chine, à moins qu'elle ne s'anéantisse dans la guerre civile comme l'Espagne. La guerre est dans le destin de l'humanité.

Le Gouvernement de la Restauration reçut la France épuisée par vingt ans de batailles, occupée par l'étranger, et cependant, il contint fièrementl'ambition moscovite voulant se donner carrière en Orient. Montrer le Rhin comme frontière nécessaire à la France n'était pas possible à la Restauration qui devait être un gouvernement d'apaisement en France et en Europe.

La Monarchie de Juillet a été une monarchie trop humble, parce qu'avant tout elle a voulu faire oublier son origine révolutionnaire ; lui reprocher de n'avoir pas mis la main sur la Belgique, serait une injustice ; l'excuser d'avoir eu pour unique soin d'enrichir la France, une complicité ; lui pardonner d'avoir été trop pacifique, une lâcheté. — Dans ses derniers jours, quand elle avait conquis sa place à Londres, à Vienne et à St-Pétersbourg, avant que l'idée unitaire s'emparât des têtes allemandes, d'où il n'est plus possible de la déraciner, tandis que la Confédération germanique n'était rien moins que confédérée, la Monarchie de Juillet pouvait montrer à la nation entre Saarlouis et Landau fortifiés par Vauban, *le pré français* pour y livrer des batailles françaises et la conduire jusqu'au Rhin.

Mais comme celui de la Restauration, le gouvernement de la Monarchie de Juillet n'a pas été d'assez longue durée.

Les fautes de l'Empire sont trop récentes pour être rappelées.

Aussi longtemps que la France n'aura pas un gouvernement stable, sa politique ne sera qu'une politique de circonstance, elle vivra au jour le jour, sans plan, sans but. L'Angleterre, la Russie maintiennent leur puissance, prospèrent, grandissent, parce que depuis des siècles elles travaillent à la réalisation d'un but ; la première veut régner seule sur l'Océan, l'autre sur la mer Noire et sur les mers qui communiquent avec elle pour avoir l'Orient. Les ducs de Savoie ont mis plusieurs siècles à former le royaume d'Italie, rien n'a pu les détourner de leur but.

L'histoire est le livre où l'homme d'Etat puise sa sagesse, elle montre aux peuples que les révolutions sont la ruine des empires. Que la France se recueille, elle a aujourd'hui un but, guérir les plaies profondes de la guerre, consacrer s'il le faut des siècles à reprendre Strasbourg et Metz, aller plus loin même encore, mais pour atteindre ce but il lui faut clore l'ère révolutionnaire, se donner un gouvernement durable, République ou Monarchie, n'importe la forme, pourvu qu'au fond de ses institutions règne la Liberté.

XI

La France peut vaincre au prix des sacrifices les plus sanglants. L'invasion a apporté un million cinq cent mille Allemands, huit cent mille sont autour de Paris et sur la ligne de Paris en Allemagne. Ils occupent l'Argonne, les Vosges et *la frontière de fer*, Strasbourg, Metz, Verdun, Toul, c'est-à-dire nos lignes de défense mêmes; ils tiennent Paris bloqué et se sont répandus en Normandie et en Bourgogne.

La France peut mettre sur pied plus de deux millions d'hommes par la levée en masse. Cinq cent mille combattants doivent rester près de Paris, et quinze cent mille doivent se porter dans la vallée de la Saône. C'est dans l'est que se livreront les grands combats. Que Paris soit pris ou que le blocus soit levé, le plan de bataille sera le même.

Après une défaite sous Paris, la retraite des Allemands s'effectuera avec ordre sous la protection des places fortes françaises ayant une garnison allemande. La difficulté consistera à chasser l'ennemi des Ardennes, des Vosges et des forteresses. Les Allemands ont compris que les Vosges leur étaient indispensables, et ils y sont venus le lendemain de la prise de Strasbourg. Le général Cambriels n'a pas même aidé 600 Bretons héroïques à garder ces Thermopyles. Il est venu, il a vu et ne s'est pas battu. Le général Michel, son successeur, a tourné le dos à nos défenses naturelles; il a couru vers l'ouest, et aujourd'hui au pied des Vosges, dans la Haute-Saône, les Allemands se sont retranchés comme au pied d'une forteresse à garder.

Rassembler toutes nos forces dans l'ouest et

devant Paris, placer l'armée française en présence de l'armée allemande, poitrine contre poitrine comme deux Titans cherchant à se cul-
buter par une poussée violente, c'est compromettre d'un seul coup toutes les chances de
succès, c'est oublier que l'armée allemande, arc
boutée contre nos forteresses, devenues siennes'
a des points d'appui qui doublent sa résistance,
c'est oublier la leçon de Sertorius, si vantée en
ces derniers temps.

Il faut devant Paris une armée résistant à l'armée allemande; mais le grand effort des armes
françaises doit se porter sur un autre point. Ap-
puyée sur les trois places fortes de Langres, Be-
sançon et Belfort, maîtresse des voies ferrées qui
les relient, l'armée française doit remonter de
Langres à Chaumont et à Neufchâteau, de Be-
sançon à Vesoul et à Epinal; se placer sur la
grande ligne du chemin de fer de l'est, attirer
vers Nancy l'armée allemande assiégeant Paris,
la détourner de son objectif, la placer entre deux
masses, et là, dans la Lorraine, car il faut reconquérir la Lorraine, livrer les grands combats. Et,
si Dieu favorise nos armes, un corps d'armée de
Belfort passe dans l'Alsace et opère, de concert
avec la grande armée de l'est, pour reconquérir
les provinces françaises.

Que Paris soit pris ou que le blocus soit levé,
la guerre à outrance, car la France ne traitera
jamais sur les bases d'un amoindrissement, la

guerre à outrance sera tôt ou tard portée dans l'est ; d'ailleurs aujourd'hui ou demain la France doit à son tour envahir l'Allemagne.

Ces considérations ont été présentées avant le combat de la Bourgonce.

Tout récemment un journal accusait Bourbaki, de Polhès, Cambriels, il mettait en suspiscion tous nos généraux ; M. de Kératry abandonnait son armée avec un scandaleux éclat, et M. d'Aurelles de Paladine est mis en jugement. Si la France manque de généraux, c'est qu'il ne lui convient pas d'en désigner qui, par leur talent et leur valeur, imposeraient silence à tous.

Ouvrons la France à tous les Français.

Les fils du roi Louis-Philippe Ier sont dans la force de l'âge. Le comte d'Eu, le duc de Chartres, le comte de Paris, sont dignes de leurs oncles. Ils ont fait leurs preuves en Italie, aux Etats-Unis, au Brésil. A nous tous les fils de la France : Nemours, d'Aumale, Joinville, Montpensier, à nous quiconque a du sang français à verser pour la patrie !

A nous la France, dans l'est, et en avant !

XII

Les députés de Paris pensent, parlent, agissent en Français du second empire. Au mois de Juillet, les armées de l'empire allaient à Berlin, et aucun général français n'avait en portefeuille la carte de la Lorraine et de l'Alsace pour conduire une retraite en cas d'échec.

L'empire allait à Berlin, et il s'est arrêté à Sedan.

Au mois de Décembre, l'Hôtel de Ville, annonce une victoire, proclame la supériorité des armées d'un peuple libre sur celles d'un despote, et il va repousser les Barbares par delà le Rhin.

Il arrête ses armées à Orléans, et lui-même se replie sur Bordeaux.

Nous sommes de ceux qui ont une foi inébranlable dans le salut de la patrie ; mais notre foi repose sur la liberté, la légalité, la justice et aussi sur la prudence.

Nous voulons que 1870 soit un nouveau 1792.

Et si 1871 était un second 1815 !

Si la France subissait un gouvernement imposé par l'ennemi vainqueur !

Qui serait coupable ?

La nation ?

Nullement. Elle fait stoïquement son devoir.

L'Hôtel de Ville ?

Oui.

Pourquoi ?

Parce que, s'étant emparé du pouvoir, il s'est institué gouvernement provisoire, il se perpétue et organise la Dictature tandis que de grandes villes désertent son drapeau.

Où sont les représentants légitimes de la nation pour conclure des alliances, traiter de la paix, conduire une retraite politique en cas d'insuccès militaires continus ?

Si chauvins que nous soyons, supposons que l'ennemi, maître de Dijon, Orléans et Rouen, pénètre dans Paris ; qu'il pille, ravage, brûle, viole partout comme à Châteaudun ;

Que cette guerre ait été déchaînée sur la France comme un châtiment mérité par ses agitations constantes ;

Que le nouveau fléau de Dieu, le Germain barbare, joignant l'astuce à la violence pour humilier encore la France, rétablisse à Paris la dynastie des Bonaparte ;

Que les préfets des candidatures officielles et du plébiscite, aidés des maires et des juges complaisants, rentrent dans leurs palais sous la protection des baïonnettes étrangères ;

(Des hommes de 1792 ont vu la restauration de la maison de France en 1815.)

Supposons que la régente de Napoléon IV signe une paix qui livre à la Prusse la fortune de la France avec l'Alsace et la Lorraine, et nous ramène du 19 Janvier au 2 Décembre ;

Que le Corps législatif et le Sénat se réunissent, délibèrent et approuvent ;

Qui sera coupable ?

L'Hôtel de Ville.

Pourquoi ?

Pour n'être pas rentré dans la légalité, pour avoir été imprudent.

Citoyens de l'Hôtel de Ville, citoyens de Paris et de Bordeaux, rentrez dans la légalité. Vous avez proclamé la république, promulguez la constitution du 24 Novembre 1848, et vous aurez mis la France en mesure d'être légalement représentée auprès des puissances européennes, de conclure des alliances, de traiter de la paix et de prendre part à la Conférence qui s'ouvre pour le réglement des affaires d'Orient.

Si vous ne sauvez pas la patrie, sauvez la liberté.

XIII

Généralement on ne se rend pas compte de la valeur historique, politique des mots : *République une et indivisible.* Le mot centralisation en est le synonyme. La centralisation a donné à la France les candidatures officielles, le plébiscite, les maires, les juges et les préfets à poigne du premier et du second empire.

A la république une et indivisible, nous préférons la république fédérative de la Suisse ou des Etats-Unis. La première n'a jamais enfanté que la tyrannie, la seconde, toujours la liberté.

Sous les noms de *Commune, Comité de salut public,* des gouvernements locaux s'efforcent de se constituer dans les grandes villes du sud-est. Le drapeaux national aux trois couleurs n'est plus le drapeau de tous les Français. Des pouvoirs divers se disputaient l'autorité dans Lyon ; trois préfets se sont déjà succédé à Marseille ; le général commandant à Grenoble était hier prisonnier d'une faction; Nîmes, Toulouse, Saint-Etienne sont en insurrection; quinze départements forment une ligue dans le midi! un acte d'audace avait créé le gouvernement de la défense nationale à Paris le 4 Septembre; deux mois après, pendant le siége, *le gouvernement de la Commune*, par un autre coup d'audace, embastillait les hommes du gouvernement de la défense nationale. La guerre civile,..... pas encore; mais le sang a coulé à Marseille.

C'est l'anarchie avec la guerre.

Tout le monde veut être gouvernant, nul ne veut être gouverné en France.

XIV

Tant que les préfets et les trésoriers de la république, de l'empire ou du royaume auront des attributions de proconsuls et des appointements de traitants, qu'ils auront les honneurs et l'argent, il n'y aura pas de démocratie en France. Le fonctionnarisme, la bureaucratie n'existent pas dans les pays libres. Pour guérir la France de cette plaie, il faut procéder à la Tarquin, supprimer les pavots trop élevés. Le président élu du Conseil Général sera un excellent préfet sans traitement onéreux. Supprimer le préfet proconsul, réduire tous les gros appointements, c'est ramener au travail qui occupe et moralise cette tourbe

d'ambitieux que chaque révolution amène comme
une écume à la surface des eaux qu'elle est appelée à purifier. Les proscriptions de la Haute-
Marne, les confiscations de Dôle, de Lyon, de
Marseille, œuvres des créatures du gouvernement
de Septembre, sont un attentat à la liberté individuelle, à la liberté d'association, au droit de
propriété. Nous ne serons jamais libres si nous
ne sommes pas justes.

Le décret de Septembre, en vertu duquel les
préfets sont autorisés à nommer des commissions
municipales si les Conseils élus au mois d'Août
ne sont pas dociles, est un acte d'arbitraire injus-
tifiable. Le décret du 25 Décembre, supprimant
les Conseils généraux élus, est le couronnement
de l'édifice, de la Dictature. Trois parlements furent impitoyablement et successivement dissous
par M. le comte de Bismark avant Sadowa, parce
que les députés élus par la nation ne s'accor-
daient pas avec lui. Les signataires des décrets
de Septembre et de Décembre imitent M. de Bismark après l'avoir blâmé dans le Parlement de
France.

L'arbitraire ne peut pas être le fondement de
la République.

Le Gouvernement de la défense nationale doit
avoir hâte de vaincre l'anarchie, sinon de modi-
fier le système administratif de la commune et
du département. Qu'il appelle donc les citoyens
à élire les maires et les préfets jusqu'à l'installa-
lation du Gouvernement définitif aisé à fonder

en rétablissant la Constitution du 24 Novembre 1848. Procédons à l'élection non pas d'une Cons-tituante puisqu'il existe une constitution, mais à l'élection d'un Pouvoir Exécutif.

Attendre encore, c'est compromettre notre li-berté.

X V

L'inaction est impossible au peuple fran-çais; partant de là, le Gouvernement du Deux Décembre a recherché les aventures pour occu-per l'opinion et la détourner de l'examen des actes du pouvoir central. C'est ainsi que l'An-gleterre nous entraîna en Crimée et en Chine, que nous avons été en Syrie et au Mexi-que, que nous avons entrepris la campagne d'Italie et la guerre actuelle. Les expositions de 1855 et de 1867 avaient la même cause et le même objet.

Le Gouvernement a été coupable de lancer le pays dans des aventures désastreuses, au lieu de le laisser s'occuper de ses propres affaires, qu'il est plus capable d'administrer que le pouvoir central lui-même. Lorsque toutes les forces de la nation seront réunies dans une seule main, cette main attirera les regards de la nation tout en-tière, et, les aventures si lointaines, si heureuses qu'elles soient, ne détourneront pas les regards de la nation. Le moyen d'occuper le peuple, c'est de lui laisser l'administration de ses affaires dans la commune, le département, la province. Tout pouvoir qui absorbera la nation sera tyrannique, il sera trop éloigné, mal instruit et périra parce que tous les efforts de la nation mécontente tendront à son renversement.

Le Gouvernement qui saura dégager le pouvoir de ce qui n'est pas la politique, qui jettera par-dessus le bord du vaisseau de l'Etat l'administration de la commune, du département, de la province, ce gouvernement réussira, vivra. Le peuple sera occupé de ses intérêts immédiats, il les discutera, les administrera à ses frais, risques et fortune dans la commune, le département, la province, mieux que le pouvoir central, qui ne peut suffire à tout, qui a assez de régir les grandes affaires de politique intérieure et étrangère intéressant la nation entière. Malheur aux gouvernements qui ont la manie de vouloir tout et trop gouverner.

La Commune rurale doit disparaître. L'administration d'une agglomération de deux cents paysans illettrés n'a jamais appartenu qu'à un instituteur étranger à la commune ou à un sous-préfet. Quarante mille administrations communales peuvent être réduites de plus de moitié sans danger et permettre ainsi de réaliser une économie de plus de moitié des frais d'administration. Que le canton soit la commune, la commune une section, et il sera alors plus facile, en opérant sur une plus grande collectivité d'administrés, de choisir comme administrateurs, des hommes intelligents et surtout indépendants, parce qu'ils seront plus instruits.

Que la commune soit libre, mais absolument libre, tant pis si elle commet des fautes, obligée de les réparer, de payer, l'expérience l'éclairera, la corrigera, et elle apprendra que sa prospérité dépend de l'excellence du choix de ses Conseils.

Depuis quatre-vingts ans les mots et les idées ont été faussés en politique. L'Etat est devenu le pouvoir central. L'Etat, c'était le gouvernement de la nation, des affaires communes à tous les Français; le pouvoir central, c'est le gouvernement des affaires de la commune et du département n'intéressant pas tous les Français, étrangères à la nation. Tant que nous n'aurons pas rétabli l'Etat et renversé le pouvoir central, nous ne serons pas libres, parce que le pouvoir central, maître de la commune et du département, nous imposera ses principes, ses idées, ses hommes. La commune n'existe pas dans un pays comme en France où le Maire et le Préfet ont le pouvoir de déchirer les délibérations du Conseil communal.

La première révolution à entreprendre, c'est l'émancipation de la commune.

XVI

La division administrative doit avoir pour base la division territoriale, le cours des fleuves

et des rivières autantque la tradition historique.
C'est le long des fleuves et des rivières que se
sont établies les grandes voies de communica-
tion, créées les relations et bâtis les villages
dans les vallées. Les villes se sont fondées au
confluent des cours d'eau. Il y a là des intérêts
locaux. Le long du ruisseau est la commune, le
long de la rivière le département, le long du
fleuve la province. La circonscription d'un grand
ou d'un petit bassin formera une ou plusieurs
provinces.

L'Assemblée des notables de la commune, du
département, de la province sera un Parlement
où se donneront carrière les hommes capables
de gérer les affaires publiques. Tout homme
instruit, justement ambitieux de servir son pays,
trouvera moyen de suivre chez lui son pen-
chant, bien des lumières sortiront ainsi du bois-
seau, et aussi, bien des esprits chagrins, re-
muants, seront contenus par ceux qui les verront
à l'œuvre de très-près.

Le pouvoir central, redevenu l'Etat, aura
moins de besogne et bien moins d'ennemis. Il
se créera une presse locale qui, s'occupant des intérêts locaux, détournera la province de la capitale ; par ce moyen encore, l'absentéisme des
campagnes sera combattu.

Il y a quatre ans, le mouvement de décentra-
lisation commença vaillamment à Nancy par
des publications marquées au coin du sens politique et du patriotisme. Le gouvernement et les

journaux autoritaires de la Révolution le com-
battirent à outrance, parce que le Gouvernement impérial et les hommes de la Révolution
ne sont pas libéraux. Il n'y a pas de pays libre
avec la centralisation, l'expérience est faite en
France, et, à l'Etranger, l'exemple est, depuis
bien longtemps déjà, donné par les cantons
suisses et les Etats de l'Union d'Amérique.

Si la province avait existé, l'invasion allemande n'aurait pas trouvé, après les capitula-
tions de Sedan et de Metz, la France désarmée.
La Lorraine, l'Alsace, la Champagne, les provinces se seraient levées toutes entières et toutes
à la fois, parce que leur organisation, indépen-
dante de celle de l'Etat, leur aurait fourni des
soldats-citoyens et des armes. Le pouvoir central
a précipité la France dans l'abîme.

Livrez-moi le pouvoir central, l'Administration
et je fournirai des candidatures officielles, des
majorités, des plébiscites en faveur de Cavaignac,
Bonaparte, Orléans ou Bourbon.

Si la cognée révolutionnaire n'abat pas l'Administration, cet arbre aux pommes d'or, à
l'ombre néfaste duquel le peuple paie et vote, la
France demeurera une nation de dupes, et, tous
les audacieux qui oseront saisir le pouvoir, trou-
veront la justification de leurs attentats dans la
sottise française.

XVII

Les essais tentés en France pour établir le régime constitutionnel ont avorté. La noblesse française, mise en coupe réglée par Louis XI, Richelieu et la Révolution, n'existe plus et ne peut plus exister comme corps politique. Henri IV pouvait fonder encore un gouvernement populaire avec la noblesse, Henri V ne le pourrait jamais. La noblesse a l'honnêteté, la considération, le patriotisme héroïque, elle est aujourd'hui sur tous les champs de bataille, mais elle n'a plus la terre, la fortune, les priviléges, les honneurs qui donnent l'influence et l'autorité. L'esprit moderne ne lui est pas favorable, les castes sont abolies, l'égalité est à jamais constituée. Les Pairs de la restauration et du gouvernement de Juillet ont formé des Chambres supérieures au Sénat du premier et du second empire ; mais pairs et sénateurs ont été sans influence sur le pays. Les chutes de Charles X, de Louis-Philippe Ier et de Napoléon III ont été provoquées par la lutte opiniâtre de l'opposition dans la Chambre des députés. Ni la Chambre des pairs, ni le Sénat, n'a dominé la Chambre des députés.

La co-existence de deux Chambres est difficile. L'une, jeune, vive, ardente, passionnée, occupera l'opinion d'elle seule et mènera la France, l'autre, sans contact avec le pays légal, l'électeur, restera toujours reléguée à l'arrière-plan, quelle que soit la valeur des hommes qui la composeront, ducs, barons, comtes, marquis, amiraux, cardinaux, préfets, maréchaux, savants.

Une assemblée unique pourra être une convention, et les gouvernements impersonnels, sans responsabilité, sont capables de mal comme de bien. « Il semble que les excès où l'on se porte « en corps ne sont ceux de personne : l'iniquité « disparaît en se partageant, et l'on ose tout, « parce qu'on ne se croit responsable de rien per- « sonnellement. »

Donner une personnalité au gouvernement républicain, c'est concilier la monarchie et la république.

La Constitution du 24 Novembre 1848 peut être restaurée, sauf révision par la discussion de l'amendement Grévy. Il n'y a pas nécessité d'élire un président pour quatre ans par le vote du peuple ou de la Chambre. On peut conserver les institutions républicaines avec la forme monarchique, et se ménager ainsi les avantages de la république et de la monarchie.

Maintenir la constitution républicaine de 1848, déclarer la présidence héréditaire, c'est mettre un terme à nos discordes par l'institution d'un gouvernement durable.

Ce ne sera pas la monarchie absolue, puisque le chef de l'Etat ne sera que chef du pouvoir exécutif; ce ne sera pas la monarchie constitutionnelle, puisque le chef de l'Etat sera un roi sans couronne, un président: il n'y aura ni Sénat, ni Chambre des pairs.

Ce sera la république avec garantie de durée, consolidée par l'hérédité présidentielle.

Un gouvernement de forme républicaine pure établi en France, compromettra la France en Europe, et sera, dans un temps prochain, la cause d'une sainte-alliance nouvelle. L'empire militaire, qui se constitue en Allemagne à côté de l'empire militaire de Russie, permet de dire qu'aujourd'hui l'Europe est plus éloignée de la république qu'il y a cent ans. Il faut considérer l'empressement avec lequel la diplomatie européenne vient de donner un roi à l'Espagne, de crainte que la contagion de la république française ne franchît les Pyrénées. Le gouvernement de Florence s'est hâté de livrer un prince pour le trône d'Espagne.

L'émotion produite en Europe il y a vingt-cinq ans par la question des mariages espagnols était légitime, tout comme l'opposition de la France à l'établissement en Espagne d'un prince des Hohenzollern. La parenté du roi de Prusse avec l'empereur de Russie, et celle du prince royal de Prusse avec la reine d'Angleterre ne sont pas sans influence sur les relations politiques entre la Prusse, la Russie et l'Angleterre. On ne dira pas que nous serions nous-mêmes sans alliés si la maison de France était assise sur les trônes de Pologne, de Naples et d'Espagne.

Tout Français, au moment où son pays va se donner un gouvernement, doit faire abstraction de ses traditions, de ses théories personnelles, sacrifier l'absolu de ses principes à l'intérêt de la patrie, étudier, non pas seulement les besoins de la France en France, mais encore ses intérêts en Europe pour fonder enfin un gouvernement durable en France et accepté, honoré, respecté par l'Europe monarchique.

Les nécessités de notre politique à l'intérieur et à l'étranger ne sont pas inconciliables. Il y a dans la maison de France, Bourbon et d'Orléans, la plus illustre des maisons royales, des princes de notre temps ayant beaucoup oublié et beaucoup appris.

Instaurons la présidence de la république héréditaire dans la maison de France. La présidence héréditaire nous préservera des coups d'Etat que pourrait encore tenter un président à l'expiration de son pouvoir.

Un président de la maison de France, sans porter une couronne, vaudra bien un Romanoff, un Habsbourg, un Hohenzollern, czar, empereur ou roi.

Concilions la république avec la monarchie, donnons-nous des institutions républicaines avec une monarchie sans couronne.

Hommes de bonne volonté, que la conciliation soit notre mot de ralliement ; seule, la conciliation peut aujourd'hui sauver la France.

XVIII

Sans doute, ce qui précède est une utopie Croire à la conciliation des partis, à une transaction entre républicains et royalistes, même à la fusion entre les deux branches de la maison de France, c'est là un rêve digne d'un disciple de l'Abbé de Saint-Pierre.

Il n'est pas, en effet, permis de constituer des gouvernements en faisant abstraction des intérêts et des passions politiques. Cependant, la nation française justifierait l'utopie de la présidence héréditaire, puisqu'en 1849, appelée à élire un président de la république, elle choisit un prince dans la dynastie des Bonaparte. N'y a-t-il point là un précédent, et, ne se pourrait-il pas, qu'appelée à se prononcer de nouveau, la nation se souvînt des services rendus pendant des siècles par l'antique maison de France.

C'est dans la tradition de 1789. Les Constituants avaient décrété une Assemblée unique; Louis XVI, en promulgant leur œuvre le 14 Septembre 1791, signait *Roi des Français*, et non plus *Roi de France;* il devenait le Président héréditaire d'une véritable République.

Que nous réserve l'avenir?

Notre génération n'a pas plus de passion pour la République que pour la Royauté, elle a été élevée par la raison, la critique, son but est la recherche de la liberté. Elle a vu l'instabilité des royautés, des républiques, des empires se succédant périodiquement en France depuis quatre-vingts ans au grand malheur du pays.

Ce qu'elle souhaite, c'est un gouvernement

national, qui ferme l'ère des bouleversements, maintienne l'ordre au-dedans, la paix honorable au dehors, repose sur des institutions libres.

Les Américains et les Suisses sont libres sous le gouvernement fédératif, imitons-les ; si notre nouvelle tentative avorte, puisque les Italiens et les Belges sont libres sous le régime constitutionnel, renonçons à la République, réfugions-nous dans une monarchie française, donnons-nous un roi comme ceux dont la libre Belgique s'honore, cessons de nous agiter pour la forme, qu'elle soit républicaine ou monarchique, qu'importe ?

Il importe peu en effet, que nous vivions sous une Présidence héréditaire ou élective, une République centralisée ou fédérative.

Ce qu'il importe, c'est d'avoir des institutions libres et définitives, un Gouvernement librement consenti par la génération présente, capable de vivre avec les générations futures par son autorité morale.

Tel est le vœu de tout Français libéral, à l'écart des partis et à l'abri des passions politiques.

Point de préventions, point de parti-pris pour *la forme* du Gouvernement, mais que la liberté soit *le fond* de nos institutions nouvelles.

Unum est necessarium : Libertas.